Segurança Digital para Crianças e Adolescentes

Guia Completo para os Jovens Exploradores da Era Digital

"A Segurança digital não é apenas uma prática, é um compromisso com o nosso futuro."

Ronny Youxay Oliveira – Junho / 2024

Estrutura do Guia

Dedicatória

Este guia é dedicado a todos os jovens exploradores do mundo digital, especialmente aos meus queridos sobrinhos: Melissa, Cristopher, Crisley, Dalila, Gleyce, Denis, Elisa, Francisco, Olavo, Estela, Bento, Benicio, Olivia, Thales, Duduzinho e Bianca. Vocês são a inspiração para este importante trabalho que, espero, ajudará muitos pais a educar seus filhos de uma maneira correta e segura, lapidando o futuro de milhões pelo mundo.

Aos meus irmãos, por sempre estarem ao meu lado; à minha mãe, Maria Ines, por seu amor e sabedoria inabaláveis; e em memória do meu pai, Joao Lopes, cuja influência continua a guiar meus passos.

Com Amor e Carinho, Ronny Oliveira.

A Importância do Uso Correto da Internet para a Geração Digital

Queridos jovens,

Vivemos em uma era de inovações tecnológicas sem precedentes, onde a internet se tornou uma parte essencial de nossas vidas. Como a primeira geração a crescer com acesso constante à internet, vocês têm uma oportunidade única e uma responsabilidade enorme. A forma como vocês usam a internet não só moldará suas vidas, mas também o futuro de nossa sociedade global.

A internet é um recurso poderoso. Ela nos permite aprender, criar, compartilhar e nos conectar com pessoas ao redor do mundo de maneiras que eram inimagináveis há apenas algumas décadas. Com um clique, podemos acessar uma vasta quantidade de informações, participar de debates importantes e colaborar em projetos globais. No entanto, com esse poder vêm grandes responsabilidades.

O uso correto da internet é fundamental para garantir que ela continue sendo uma força positiva em nossas vidas. Aqui estão alguns pontos importantes para refletir:

- **_Segurança Digital_**: Proteger suas informações pessoais é crucial. Utilize senhas fortes, seja cauteloso ao compartilhar dados pessoais e esteja sempre atento a possíveis ameaças online, como fraudes e ciberataques. Lembre-se, sua segurança começa com você.
- **_Cyberbullying e Comportamento Online_**: A internet pode ser um lugar de apoio e amizade, mas também pode ser usada para causar danos. Seja gentil e respeitoso com os outros online. O cyberbullying tem

consequências reais e devastadoras. Trate os outros como você gostaria de ser tratado.

- ***Consumo de Informação***: Nem tudo o que você lê ou vê online é verdadeiro. Desenvolva um pensamento crítico e questione as fontes de informação. Aprender a distinguir entre informações verdadeiras e falsas é uma habilidade essencial no mundo moderno.
- ***Tempo de Tela e Saúde Mental***: O equilíbrio é a chave. Passar muito tempo online pode impactar sua saúde mental e física. Reserve tempo para atividades offline, como exercícios físicos, leituras de livros e momentos com a família e amigos.
- ***Impacto Global***: Vocês são a geração que pode usar a internet para promover mudanças positivas no mundo. Participem de causas importantes, compartilhem conhecimentos úteis e ajudem a construir uma comunidade online mais justa e inclusiva.

A geração digital representa o futuro. Vocês têm o poder de transformar o mundo usando a internet de maneira ética e responsável. O que vocês fazem online hoje terá repercussões que vão além de suas vidas pessoais; afetará o futuro de todos nós. Use esse poder sabiamente. Seja um exemplo positivo. Inspire outros a fazer o mesmo. O futuro do nosso mundo digital depende de você, Com responsabilidade e inovação.

Introdução

Bem-vindos ao **"Segurança Digital para Crianças e Adolescentes: Guia Completo para os Jovens Exploradores da Era Digital"**. Este guia foi criado com o objetivo de ajudar jovens e suas famílias a navegar pelo mundo digital de forma segura e consciente.

Por que Este Guia é Importante?

Vivemos em uma era onde a tecnologia e a internet fazem parte do nosso cotidiano. Desde muito jovens, crianças e adolescentes têm acesso a uma vasta quantidade de informações, redes sociais, jogos online e muitas outras ferramentas digitais. Embora essas tecnologias ofereçam inúmeras oportunidades de aprendizado e diversão, elas também trazem desafios e riscos que precisam ser compreendidos e gerenciados.

Objetivos do Guia

Este guia pretende:

- **Educar**: Fornecer informações claras e acessíveis sobre segurança digital.
- **Proteger**: Ensinar práticas seguras para proteger informações pessoais e navegar na internet.
- **Empoderar**: Dar aos jovens as ferramentas e o conhecimento necessários para explorar o mundo digital de forma segura e responsável.

Como Usar Este Guia

O guia está dividido em capítulos, cada um abordando um aspecto crucial da segurança digital, incluindo:

- **O Mundo Digital**: Entendendo a importância da tecnologia na vida moderna.
- **Segurança na Internet**: Identificando riscos e adotando práticas seguras de navegação.
- **Redes Sociais**: Utilizando as redes sociais de forma segura e consciente.
- **Smartphones e Aplicativos**: Gerenciando o uso de dispositivos móveis e aplicativos.
- **Jogos Online**: Aproveitando os jogos de forma saudável e segura.
- **Compras Online usando o PIX ou algum tipo de cartao bancario**: Realizando compras na internet com segurança.
- **WhatsApp e Mensagens Instantâneas**: Usando aplicativos de mensagens de forma protegida.

Mensagem aos Jovens Exploradores

Queridos jovens exploradores, este guia foi feito para vocês! A internet é um lugar incrível, cheio de oportunidades para aprender, se divertir e se conectar com outras pessoas. No entanto, é importante lembrar que, assim como em qualquer outra aventura, é preciso estar preparado e saber como se proteger. Espero que este guia os ajude a navegar pelo mundo digital com segurança e confiança.

Mensagem aos Pais e Educadores

Pais e educadores, vocês desempenham um papel fundamental na educação digital de nossos jovens. Este guia é uma ferramenta para apoiar vocês nessa jornada, fornecendo informações e estratégias para ajudar seus filhos e alunos a se tornarem cidadãos digitais responsáveis e seguros.

Vamos começar esta jornada juntos, explorando e aprendendo sobre como usar a tecnologia de maneira segura e inteligente. Preparem-se para se tornar verdadeiros exploradores digitais!

Com carinho, Ronny.

Ronny Youxay Oliveira

Capítulo 1

O Mundo Digital

1.1 O que é o Mundo Digital?

O mundo digital é um universo vasto e em constante expansão, composto por todas as tecnologias e dispositivos que utilizamos diariamente. Ele engloba a internet, computadores, smartphones, tablets, redes sociais, aplicativos, jogos online e muito mais. Esses elementos estão interligados, formando uma rede global que nos permite acessar informações, comunicar-nos com outras pessoas e realizar inúmeras atividades.

Definição e Exemplos Práticos:

- **Internet:** A rede global de computadores que nos permite acessar informações e serviços em todo o mundo.
- **Computadores e Dispositivos Móveis:** Ferramentas essenciais para acessar o mundo digital.
- **Redes Sociais:** Plataformas que conectam pessoas e permitem a troca de informações e experiências.
- **Aplicativos e Jogos:** Programas que nos ajudam a realizar tarefas e nos entreter.

1.2 Importância na Vida Moderna

Vivemos em uma era onde a tecnologia é onipresente e essencial para diversas áreas de nossas vidas. Abaixo estão alguns exemplos de como o mundo digital impacta a nossa rotina:

Educação:

- **Acesso a Recursos Educacionais:** A internet oferece uma vasta gama de recursos, desde livros e artigos até vídeos educacionais e cursos online.
- **Plataformas de Aprendizado:** Ferramentas como Google Classroom, Khan Academy e outras ajudam os alunos a aprender de maneira interativa e personalizada.
- **Colaboração e Comunicação:** Alunos e professores podem se comunicar facilmente através de e-mails, fóruns de discussão e videoconferências.

Trabalho:

- **Ferramentas de Produtividade:** Softwares como Microsoft Office, Google Docs e Trello ajudam a organizar tarefas e aumentar a eficiência.
- **Trabalho Remoto:** A tecnologia permite que muitos profissionais trabalhem de qualquer lugar, aumentando a flexibilidade e a produtividade.
- **Comunicação e Colaboração:** Ferramentas como Zoom, Slack e Microsoft Teams facilitam a comunicação e a colaboração entre equipes, independentemente da localização.

Lazer:

- **Entretenimento Digital:** Plataformas de streaming como Netflix, YouTube e Spotify oferecem uma ampla variedade de filmes, séries, vídeos e músicas.
- **Redes Sociais:** Facebook, Instagram, TikTok e outras redes permitem que as pessoas compartilhem suas vidas e se conectem com amigos e familiares.
- **Jogos Online:** Jogos como Fortnite, Minecraft e Roblox oferecem diversão e oportunidades de socialização com jogadores de todo o mundo.

1.3 Uso Responsável da Tecnologia

Embora a tecnologia ofereça muitas vantagens, é crucial usá-la de maneira equilibrada e consciente. Aqui estão algumas dicas para um uso saudável da tecnologia:

Equilíbrio e Hábitos Saudáveis:

- **Estabeleça Limites:** Defina horários específicos para o uso de dispositivos eletrônicos e respeite esses limites.
- **Pausas Regulares:** Faça pausas durante o uso prolongado de dispositivos para evitar fadiga ocular e mental.
- **Atividades Offline:** Envolva-se em atividades offline, como leitura, esportes e interação social face a face, para equilibrar o tempo de tela.

Dicas para Uso Consciente:

- **Zonas Livres de Tecnologia:** Crie áreas em casa onde o uso de dispositivos eletrônicos não é permitido, como na mesa de jantar ou nos quartos durante a noite.
- **Tempo em Família:** Reserve momentos para passar com a família sem a interferência de dispositivos eletrônicos, fortalecendo os laços e a comunicação.
- **Educação sobre Segurança:** Ensine as crianças sobre os perigos online e como se proteger, incluindo o uso de senhas fortes e a importância de não compartilhar informações pessoais com estranhos.

1.4 Atividades Práticas

Para ajudar a compreender e aplicar o que foi aprendido, aqui estão algumas atividades práticas:

Refletindo sobre o Uso da Tecnologia:

- Faça uma lista das atividades digitais que você mais gosta de fazer.
- Pense em quanto tempo você gasta com essas atividades todos os dias.
- Discuta com sua família sobre maneiras de equilibrar o tempo de tela com outras atividades.

- ## Equilibrando o Tempo de Tela:

- Crie um cronograma de uso da tecnologia que inclua tempo para atividades offline.
- Experimente novos hobbies que não envolvam o uso de dispositivos eletrônicos, como esportes, leitura ou artesanato.

- ## Discussão em Família:

- Realize uma reunião em família para discutir o uso da tecnologia e estabelecer regras e limites que todos concordem em seguir.
- Compartilhe ideias sobre como garantir que todos na família usem a tecnologia de forma responsável e segura.

Capítulo 2

Segurança na Internet

2.1 Conceitos Básicos de Segurança Online

A segurança online é um conjunto de práticas e medidas que visam proteger os usuários de ameaças digitais enquanto utilizam a internet. Compreender esses conceitos é essencial para navegar de forma segura e evitar riscos.

- **Segurança Digital:** Proteção das informações pessoais e dispositivos contra acessos não autorizados, ataques cibernéticos e outros perigos.
- **Privacidade Online:** Garantia de que as informações pessoais e sensíveis dos usuários sejam mantidas em sigilo e protegidas contra acessos não autorizados.

2.2 Identificação de Riscos e Ameaças

Existem diversos riscos e ameaças na internet que podem comprometer a segurança dos usuários. Conhecer esses perigos é o primeiro passo para se proteger.

Vírus e Malware:

- **Vírus:** Programas maliciosos que podem danificar seu computador ou roubar informações.
- **Malware:** Software projetado para causar danos ou acessar informações sem autorização.

- **Phishing:** Tentativas de obter informações sensíveis, como senhas e números de cartões de crédito, através de e-mails, mensagens ou sites falsos que se passam por instituições legítimas.
- **Roubo de Identidade:** Quando alguém utiliza suas informações pessoais para cometer fraudes ou crimes.

2.3 Práticas de Navegação Segura

Adotar práticas de navegação segura é fundamental para proteger-se contra ameaças online. Aqui estão algumas dicas importantes:

Uso de Antivírus e Firewalls:

- **Antivírus:** Instale e mantenha atualizado um software antivírus para proteger seu dispositivo contra vírus e malware.

Exemplos de Antivírus:

- **Norton:** Um dos softwares de segurança mais antigos e confiáveis, oferecendo proteção completa contra vírus, malware e outras ameaças online.
- **Kaspersky:** Conhecido por sua alta taxa de detecção de vírus e proteção contra ameaças avançadas.
- **Avast:** Oferece uma versão gratuita e uma paga, ambas com boas ferramentas de proteção contra vírus e malware.
- **Bitdefender:** Oferece proteção robusta com impacto mínimo no desempenho do sistema.
- **McAfee:** Inclui proteção contra vírus, malware, e ferramentas adicionais para segurança na internet.

- **Firewall:** Utilize um firewall para monitorar e controlar o tráfego de rede, impedindo acessos não autorizados.

Senhas Fortes:

- **Criação de Senhas:** Crie senhas fortes e únicas para cada conta, combinando letras maiúsculas, minúsculas, números e símbolos.

Exemplos de Senhas Fortes:

- **Exemplo 1:** P@ssword!23

- **Exemplo 2:** Tr33Hous3!$

- **Exemplo 3:** R3dF!sh_2BlUe

- **Exemplo 4:** $3cur!TyCode@

- **Exemplo 5:** B3tt3rSafeTh@nSorry!

- **Gerenciamento de Senhas:** Utilize um gerenciador de senhas para armazenar e organizar suas senhas de forma segura.

Atualizações de Software:

- **Manter Atualizado:** Mantenha seus dispositivos e softwares sempre atualizados para corrigir vulnerabilidades de segurança.
- **Configurações Automáticas:** Ative as atualizações automáticas sempre que possível para garantir que você esteja sempre protegido.

2.4 Proteção de Dados Pessoais

Proteger seus dados pessoais é essencial para garantir sua privacidade e segurança na internet. Aqui estão algumas maneiras de fazer isso:

Não Compartilhe Informações Pessoais:

- **Cuidado com Estranhos:** Nunca compartilhe informações pessoais, como endereço, número de telefone ou detalhes financeiros, com desconhecidos na internet.

Uso de Redes Seguras:

- **Redes Wi-Fi Públicas:** Evite acessar informações sensíveis em redes Wi-Fi públicas, pois elas podem ser menos seguras.

- **Redes Seguras:** Prefira utilizar redes seguras e protegidas por senha, especialmente ao realizar transações financeiras ou acessar contas importantes.

Configurações de Privacidade:

- **Redes Sociais:** Ajuste as configurações de privacidade nas redes sociais para controlar quem pode ver suas informações e postagens.
- **Aplicativos e Sites:** Revise as configurações de privacidade em todos os aplicativos e sites que você utiliza para garantir que suas informações estejam protegidas.

2.5 Atividades Práticas

Para ajudar a aplicar o que foi aprendido sobre segurança na internet, aqui estão algumas atividades práticas:

1. **Revisão de Segurança:**

- Verifique se você possui um software antivírus instalado e atualizado em seu dispositivo.
- Revise e fortaleça suas senhas, utilizando um gerenciador de senhas se necessário.
- Certifique-se de que seu sistema operacional e aplicativos estejam atualizados.

2. **Simulação de Phishing:**

- Realize uma simulação de phishing com a ajuda de um adulto, criando um e-mail falso para entender como essas tentativas de fraude funcionam e como evitá-las.
- Discuta em família sobre os sinais de um e-mail ou mensagem suspeita.

3.   **Configurações de Privacidade:**

- Revise as configurações de privacidade em suas contas de redes sociais e ajuste conforme necessário.
- Verifique as configurações de privacidade em seus aplicativos favoritos e ajuste para garantir a proteção de seus dados pessoais.

Capítulo 3

Redes Sociais

3.1 Principais Redes Sociais

As redes sociais são plataformas online que permitem às pessoas se conectar, compartilhar e interagir com outras pessoas ao redor do mundo. Aqui estão algumas das redes sociais mais populares entre crianças e adolescentes:

Facebook:

- Permite compartilhar textos, fotos, vídeos e links.
- Inclui recursos como grupos e eventos.

Instagram:

- Focado em compartilhar fotos e vídeos.
- Utiliza hashtags para categorizar conteúdos.
- Recursos como Stories e Reels permitem compartilhamentos temporários e vídeos curtos.

TikTok:

- Plataforma para criar e compartilhar vídeos curtos, muitas vezes acompanhados de música.
- Famoso por seus desafios virais e tendências.

Snapchat:

- Permite o envio de fotos e vídeos que desaparecem após serem vistos.
- Inclui filtros e efeitos divertidos.

X ou Twitter:

- Plataforma para compartilhar mensagens curtas (tweets) de até 280 caracteres.
- Usada para notícias rápidas e conversas públicas.

3.2 Vantagens e Desvantagens do Uso de Redes Sociais

As redes sociais podem ser uma ferramenta poderosa, mas também apresentam alguns desafios. Aqui estão algumas vantagens e desvantagens:

Vantagens:

- **Socialização:** Facilita a comunicação e a conexão com amigos e familiares.
- **Educação:** Acesso a informações e recursos educativos.
- **Entretenimento:** Oferece uma variedade de conteúdos divertidos e interessantes.
- **Expressão Pessoal:** Permite compartilhar pensamentos, experiências e talentos.

Desvantagens:

- **Cyberbullying:** A possibilidade de ser alvo de bullying online.

- **Privacidade:** Riscos de compartilhamento excessivo de informações pessoais.
- **Vício:** Pode levar a um uso excessivo, afetando outras áreas da vida.
- **Pressão Social:** Sentimento de comparação e pressão para seguir tendências.

3.3 Configurações de Privacidade

Ajustar as configurações de privacidade nas redes sociais é crucial para proteger suas informações pessoais. Aqui estão algumas dicas:

Facebook:

- **Configurações de Privacidade:** Acesse as configurações de privacidade para controlar quem pode ver suas postagens e informações pessoais.
- **Revisão de Privacidade:** Use a ferramenta de revisão de privacidade para verificar e ajustar suas configurações.

Instagram:

- **Conta Privada:** Torne sua conta privada para que apenas seguidores aprovados possam ver suas postagens.
- **Controle de Comentários:** Use filtros de comentários para evitar comentários indesejados.

TikTok:

- **Conta Privada:** Mantenha sua conta privada para controlar quem pode ver seus vídeos.

- **Mensagens Diretas:** Limite quem pode enviar mensagens diretas para você.

Snapchat:

- **Contatos Apenas:** Permita que apenas amigos adicionados possam ver suas histórias e enviar mensagens.
- **Localização:** Desative o recurso de compartilhamento de localização ou use o modo fantasma.

Twitter:

- **Tweets Protegidos:** Proteja seus tweets para que apenas seguidores aprovados possam vê-los.
- **Controle de Menções:** Ajuste as configurações para controlar quem pode mencioná-lo.

3.4 Prevenção de Cyberbullying

O cyberbullying é uma forma de bullying que ocorre online. É importante saber como identificar e responder a esse comportamento:

- **Identificação do Cyberbullying:**

- **Mensagens Maliciosas:** Recebimento de mensagens ameaçadoras ou insultuosas.
- **Exposição Pública:** Compartilhamento de informações privadas ou embaraçosas sem permissão.
- **Exclusão Social:** Ser deixado de fora de grupos ou atividades online.

- **Resposta ao Cyberbullying:**

  - **Não Reaja:** Evite responder ou retaliar. Isso pode piorar a situação.
  - **Salve Provas:** Guarde capturas de tela e mensagens como prova.
  - **Bloqueie e Denuncie:** Use as ferramentas da plataforma para bloquear e denunciar o agressor.
  - **Fale com um Adulto:** Informe um adulto de confiança sobre o ocorrido.
  - **Recursos e Apoio:** Procure ajuda em organizações e recursos dedicados à prevenção do bullying.

3.5 Solicitações de Amizade e Perigos de Clonagem de Contas

Receber solicitações de amizade de estranhos e a clonagem de contas são riscos comuns nas redes sociais. É importante saber como lidar com essas situações.

4. **Solicitações de Amizade de Estranhos:**

   - **Não Aceite Desconhecidos:** Evite aceitar solicitações de amizade de pessoas que você não conhece.
   - **Verificação de Perfil:** Verifique o perfil de quem enviou a solicitação para garantir que é uma pessoa real e conhecida.
   - **Configurações de Privacidade:** Ajuste suas configurações de privacidade para limitar quem pode enviar solicitações de amizade.

5.   **Perigos de Clonagem de Contas:**

- **que é Clonagem de Contas:** Clonagem de contas ocorre quando alguém cria um perfil falso usando suas informações e fotos.
- **Sinais de Clonagem:** Mensagens de amigos dizendo que receberam uma solicitação de amizade de um novo perfil com suas informações.

O que Fazer:

> **Denunciar:** Denuncie o perfil falso à plataforma.

> **Avisar Amigos:** Informe seus amigos sobre a clonagem e peça que denunciem o perfil falso.

> **Reforçar Segurança:** Use senhas fortes e ative a autenticação de dois fatores para proteger sua conta original.

3.6 Atividades Práticas

Para ajudar a aplicar o que foi aprendido sobre o uso seguro das redes sociais, aqui estão algumas atividades práticas:

1.   **Revisão de Configurações de Privacidade:**

- Verifique e ajuste as configurações de privacidade em suas contas de redes sociais.
- Certifique-se de que apenas amigos e seguidores aprovados possam ver suas postagens e informações pessoais.

2. **Discussão sobre Cyberbullying:**

- Realize uma discussão em família sobre o que é cyberbullying e como responder a ele.
- Compartilhe exemplos e discuta estratégias de prevenção e resposta.

3. **Prática de Segurança:**

- Pratique a criação de senhas fortes para suas contas de redes sociais.
- Use um gerenciador de senhas para manter suas senhas seguras e organizadas.

4. **Simulação de Solicitações de Amizade:**

- Faça uma simulação de recebimento de solicitações de amizade de desconhecidos e discuta a melhor forma de lidar com essas solicitações.
- Pratique a verificação de perfis e o ajuste das configurações de privacidade.

5. **Discussão sobre Clonagem de Contas:**

- Explique o que é clonagem de contas e como identificá-la.
- Simule uma situação de clonagem de conta e discuta as etapas a serem tomadas para resolver o problema.

História Real

O Caso de Clonagem do Instagram de Julia Smith.

Em 2021, uma adolescente chamada Julia Smith, de 15 anos, vivia em Nova York e adorava usar redes sociais, especialmente o Instagram. Ela compartilhava fotos de suas aventuras, momentos com amigos e familiares, e suas criações artísticas. Julia tinha um número considerável de seguidores, muitos dos quais ela não conhecia pessoalmente.

- Um dia, Julia começou a receber mensagens preocupadas de amigos e conhecidos dizendo que haviam recebido uma nova solicitação de amizade dela. O estranho é que a solicitação vinha de um perfil que tinha as mesmas fotos e informações que o dela, mas com um nome de usuário ligeiramente diferente.

Como Tudo Começou

- Julia ficou confusa e imediatamente verificou seu próprio perfil. Tudo parecia normal, então ela decidiu investigar o perfil falso. Para sua surpresa, o perfil tinha copiado todas as suas fotos e postagens, fazendo parecer que era a própria Julia. O impostor estava enviando solicitações de amizade para todos os amigos de Julia e até mesmo postando novas fotos como se fosse ela.

Reação e Medidas Imediatas

- Assustada, Julia contou aos seus pais sobre o que estava acontecendo. Seus pais a ajudaram a denunciar o perfil falso ao Instagram. Além disso, eles aconselharam Julia a avisar todos os seus amigos sobre a clonagem de sua conta e pedir que eles também denunciassem o perfil falso.

Consequências e Lições Aprendidas

- Instagram agiu rapidamente e, com o grande número de denúncias, o perfil falso foi removido dentro de alguns dias. No entanto, a experiência deixou Julia e sua família preocupados com a segurança online.
- Julia e seus pais tomaram várias medidas para aumentar sua segurança online:

- **Revisão de Privacidade:** Julia ajustou suas configurações de privacidade para que apenas amigos e seguidores aprovados pudessem ver suas postagens.

- **Autenticação de Dois Fatores:** Ela ativou a autenticação de dois fatores em todas as suas contas de redes sociais, adicionando uma camada extra de segurança.

- **Senhas Fortes:** Julia revisou e fortaleceu todas as suas senhas, utilizando combinações complexas de letras, números e símbolos.

- **Educação e Conscientização:** Julia e seus amigos participaram de uma palestra na escola sobre segurança online, onde aprenderam sobre os riscos e as melhores práticas para proteger suas informações pessoais.

Reflexão

- A história de Julia é um exemplo real de como a clonagem de contas pode afetar qualquer pessoa nas redes sociais. Mesmo sendo cuidadosa, Julia se tornou uma vítima, mas suas ações rápidas e a ajuda de sua comunidade permitiram que ela recuperasse o controle de sua identidade online.

- Essa experiência também ensinou Julia a ser mais cautelosa com quem aceita como amigo nas redes sociais e a importância de manter suas informações pessoais seguras. Hoje, Julia continua a usar as redes sociais, mas com muito mais atenção à sua segurança e privacidade.

Conclusão do Capítulo 3

- Proteger sua identidade online é crucial para uma experiência segura nas redes sociais. Ajuste suas configurações de privacidade, use senhas fortes, e esteja sempre atento a atividades suspeitas. Lembre-se, sua segurança online é uma prioridade.

Atividades Práticas

Revisão de Configurações de Privacidade:

- Verifique e ajuste as configurações de privacidade em suas contas de redes sociais.

- Certifique-se de que apenas amigos e seguidores aprovados possam ver suas postagens e informações pessoais.

Discussão sobre Cyberbullying:

- Realize uma discussão em família sobre o que é cyberbullying e como responder a ele.
- Compartilhe exemplos e discuta estratégias de prevenção e resposta.

Prática de Segurança:

- Pratique a criação de senhas fortes para suas contas de redes sociais.
- Use um gerenciador de senhas para manter suas senhas seguras e organizadas.

Simulação de Solicitações de Amizade:

- Faça uma simulação de recebimento de solicitações de amizade de desconhecidos e discuta a melhor forma de lidar com essas solicitações.
- Pratique a verificação de perfis e o ajuste das configurações de privacidade.

Discussão sobre Clonagem de Contas:

- Explique o que é clonagem de contas e como identificá-la.
- Simule uma situação de clonagem de conta e discuta as etapas a serem tomadas para resolver o problema.

Capítulo 4

Smartphones e Aplicativos

4.1 Uso Seguro de Smartphones

Os smartphones são ferramentas poderosas que podem facilitar nossas vidas de muitas maneiras. No entanto, é importante usá-los de forma segura para proteger nossa privacidade e dados pessoais.

Configurações de Segurança:

- o **Senhas e Biometria:** Configure uma senha forte, PIN ou use recursos biométricos como impressões digitais ou reconhecimento facial para desbloquear seu dispositivo.

- o **Atualizações:** Mantenha seu sistema operacional e aplicativos sempre atualizados para proteger contra vulnerabilidades de segurança.

- o **Bloqueio Remoto:** Ative a opção de localizar e bloquear seu smartphone remotamente em caso de perda ou roubo.

4.2 Aplicativos Populares e Suas Funcionalidades

Existem milhares de aplicativos disponíveis para smartphones, cada um com diferentes funcionalidades. Aqui estão alguns dos mais populares entre crianças e adolescentes:

- **WhatsApp:**

  - o **Mensagens e Chamadas:** Permite enviar mensagens de texto, realizar chamadas de voz e vídeo.
  - o **Grupos:** Criação de grupos para conversas em grupo com amigos e familiares.
  - o **Status:** Compartilhamento de fotos, vídeos e textos temporários.

- **YouTube:**

  - **Vídeos:** Plataforma para assistir e compartilhar vídeos.
  - **Canais:** Inscrição em canais para acompanhar conteúdos específicos.
  - **YouTube Kids:** Versão voltada para crianças, com conteúdos filtrados e apropriados.
- **TikTok:**

  - **Vídeos Curtos:** Criação e compartilhamento de vídeos curtos, muitas vezes acompanhados de música.
  - **Efeitos e Filtros:** Uso de efeitos especiais e filtros para criar vídeos mais interessantes.
- **Snapchat:**

  - **Snaps:** Envio de fotos e vídeos que desaparecem após serem visualizados.
  - **Histórias:** Compartilhamento de momentos que ficam visíveis por 24 horas.
  - **Filtros e Lentes:** Adição de filtros e lentes divertidas às fotos e vídeos.
- **Instagram:**

  - **Fotos e Vídeos:** Compartilhamento de fotos e vídeos com seguidores.
  - **Stories:** Publicações temporárias que desaparecem após 24 horas.
  - **Direct:** Envio de mensagens privadas.

4.3 Gerenciamento de Tempo de Tela

O uso excessivo de smartphones pode levar a vários problemas, incluindo distração, problemas de sono e dependência. Aqui estão algumas dicas para gerenciar o tempo de tela de forma eficaz:

Ferramentas de Controle:

- o **Screen Time (iOS) e Digital Wellbeing (Android):** Use essas ferramentas para monitorar e limitar o tempo de uso de aplicativos.
- o **Aplicativos de Controle Parental:** Instale aplicativos que permitam aos pais controlar o tempo de tela e acesso a conteúdos.

Dicas para Reduzir o Tempo de Tela:

- o **Estabeleça Limites de Tempo:** Defina um tempo máximo de uso diário para cada aplicativo.
- o **Atividades Alternativas:** Incentive atividades offline, como leitura, esportes e artes.
- o **Zonas Livres de Tecnologia:** Crie áreas na casa onde o uso de smartphones não é permitido, como na mesa de jantar e nos quartos durante a noite.

4.4 Perigos de Aplicativos e Como se Proteger

Alguns aplicativos podem representar riscos para a segurança e privacidade. É importante saber como identificar esses perigos e proteger-se:

Permissões de Aplicativos:

- **Verificação de Permissões:** Revise as permissões solicitadas pelos aplicativos e conceda apenas as necessárias.
- **Revogação de Permissões:** Periodicamente, revise e revogue permissões de aplicativos que não são mais necessários.

Downloads Seguros:

- **Fontes Confiáveis:** Baixe aplicativos apenas de lojas oficiais, como Google Play Store e Apple App Store.
- **Avaliações e Comentários:** Leia as avaliações e comentários de outros usuários antes de instalar um aplicativo.

Cuidados com Aplicativos Desconhecidos:

- **Phishing e Scams:** Esteja atento a aplicativos que prometem funcionalidades milagrosas ou descontos absurdos.
- **Desinstalação de Aplicativos Suspeitos:** Desinstale imediatamente qualquer aplicativo que pareça suspeito ou que comece a apresentar comportamentos estranhos, como exibir anúncios excessivos ou coletar muitos dados pessoais.

4.5 Dicas para Identificar e Evitar Aplicativos Suspeitos

Fontes de Download:

- **Lojas Oficiais:** Sempre baixe aplicativos de lojas oficiais como Google Play Store e Apple App Store. Aplicativos baixados de fontes não confiáveis podem conter malware.
- **Desconfie de Links Diretos:** Evite baixar aplicativos a partir de links enviados por e-mail, mensagens ou redes sociais, a menos que sejam de fontes confiáveis.

Avaliações e Comentários:

- **Leia as Avaliações:** Verifique as avaliações e os comentários de outros usuários na loja de aplicativos. Aplicativos com muitas avaliações negativas ou reclamações sobre segurança devem ser evitados.
- **Número de Downloads:** Prefira aplicativos com um grande número de downloads, pois isso geralmente indica um aplicativo mais confiável e utilizado por muitos usuários.

Permissões Solicitadas:

- **Permissões Excessivas:** Desconfie de aplicativos que pedem muitas permissões que não são necessárias para sua função principal. Por exemplo, um aplicativo de lanterna não deve pedir acesso aos seus contatos ou mensagens.
- **Revise Permissões:** Sempre revise as permissões antes de instalar um aplicativo. Conceda apenas as

permissões que fazem sentido para o funcionamento do aplicativo.

Desenvolvedor:

- **Desenvolvedor Conhecido:** Verifique se o aplicativo é desenvolvido por uma empresa ou desenvolvedor conhecido e confiável.
- **Site Oficial:** Confira se há um site oficial e suporte ao cliente para o aplicativo. Aplicativos de desenvolvedores desconhecidos ou sem informações de contato devem ser evitados.

Atualizações Frequentes:

- **Atualizações Regulares:** Aplicativos que recebem atualizações regulares são geralmente mais seguros, pois os desenvolvedores corrigem bugs e vulnerabilidades de segurança.
- **Data da Última Atualização:** Verifique a data da última atualização. Aplicativos que não são atualizados há muito tempo podem ter problemas de segurança não resolvidos.

Comentários e Notícias:

- **Busque Notícias:** Faça uma busca rápida online para ver se há notícias ou comentários sobre problemas de segurança relacionados ao aplicativo.
- **Alertas de Segurança:** Esteja atento a alertas de segurança emitidos por empresas de segurança cibernética ou plataformas de notícias tecnológicas.

4.5 Atividades Práticas

Para ajudar a aplicar o que foi aprendido sobre o uso seguro de smartphones e aplicativos, aqui estão algumas atividades práticas:

1. **Configuração de Segurança:**

   o Configure uma senha forte, PIN ou recursos biométricos no seu smartphone.

   o Ative a localização remota e o bloqueio de dispositivo em caso de perda ou roubo.

2. **Revisão de Permissões:**

   o Verifique as permissões de todos os aplicativos instalados e ajuste conforme necessário.

   o Revogue permissões desnecessárias para melhorar a segurança.

3. **Monitoramento de Tempo de Tela:**

   o Use ferramentas como Screen Time (iOS) ou Digital Wellbeing (Android) para monitorar seu uso diário de aplicativos.

   o Estabeleça limites de tempo para aplicativos que você usa com frequência.

4. **Discussão sobre Segurança de Aplicativos:**

   o Realize uma discussão em família sobre os perigos potenciais de aplicativos desconhecidos.

   o Compartilhe dicas sobre como identificar e evitar aplicativos suspeitos.

Capítulo 5

Jogos Online

5.1 Benefícios e Riscos dos Jogos Online

Os jogos online são uma forma popular de entretenimento para crianças e adolescentes. Eles podem oferecer muitos benefícios, mas também apresentam alguns riscos que precisam ser gerenciados.

Benefícios dos Jogos Online

- **Desenvolvimento de Habilidades:** Jogos podem ajudar no desenvolvimento de habilidades cognitivas, resolução de problemas, e coordenação motora.
- **Socialização:** Muitos jogos permitem interações sociais, ajudando os jogadores a fazerem amigos e trabalharem em equipe.
- **Entretenimento:** Jogos são uma forma divertida de passar o tempo e relaxar.

Riscos dos Jogos Online:

Dependência: O uso excessivo de jogos pode levar à dependência, prejudicando outras áreas da vida.

• **Cyberbullying:** Jogadores podem ser alvo de bullying online por outros jogadores.

• **Exposição a Conteúdo Inapropriado:** Alguns jogos podem conter violência, linguagem imprópria ou outros conteúdos inadequados para certas idades.

• **Gastos Inesperados:** Muitos jogos têm compras dentro do aplicativo, o que pode levar a gastos excessivos sem a supervisão adequada.

5.2 Escolha de Jogos Adequados à Idade

Escolher jogos apropriados para a idade é crucial para garantir que as crianças tenham uma experiência segura e benéfica.

Classificações de Jogos

- **ESRB (Entertainment Software Rating Board):** Classificações como E (Everyone), T (Teen), M (Mature) ajudam a determinar se um jogo é adequado para uma determinada faixa etária.
- **PEGI (Pan European Game Information):** Utiliza classificações como 3, 7, 12, 16, 18 para indicar a adequação etária.

Verificação de Conteúdo:

- **Revisões e Avaliações:** Leia revisões e avaliações de jogos para entender melhor seu conteúdo e adequação.
- **Jogos Educativos:** Prefira jogos que têm um valor educativo ou que ajudam no desenvolvimento de habilidades.

5.3 Prevenção de Vícios em Jogos

Evitar o vício em jogos é essencial para garantir um uso saudável e equilibrado.

Sinais de Vício em Jogos

- **Negligência de Outras Atividades:** Deixar de lado atividades importantes, como estudo e interações sociais, para jogar.
- **Perda de Controle:** Incapacidade de limitar o tempo de jogo.
- **Efeitos Negativos:** Impacto negativo no desempenho escolar, nas relações e na saúde física.

Estratégias de Prevenção:

- **Definir Limites de Tempo:** Estabeleça horários específicos para jogar e respeite esses limites.
- **Atividades Alternativas:** Encoraje a participação em atividades offline, como esportes, leitura e hobbies.
- **Monitoramento e Supervisão:** Pais devem monitorar o tempo de jogo e envolver-se na escolha dos jogos.

5.5 Tornando-se um Desenvolvedor de Jogos

Para aqueles que amam jogos online, existe a emocionante possibilidade de se tornar um desenvolvedor de jogos. Esta carreira oferece muitas oportunidades e permite que você transforme sua paixão por jogos em uma profissão.

Oportunidades no Mercado de Jogos:

- **Indústria em Crescimento:** A indústria de jogos é uma das que mais crescem no mundo, oferecendo inúmeras oportunidades de emprego.
- **Diversidade de Funções:** Existem várias funções dentro do desenvolvimento de jogos, incluindo design de jogos, programação, arte, design de som, e testes de jogos.

Caminho para se Tornar um Desenvolvedor de Jogos:

- **Educação e Treinamento:** Muitos desenvolvedores de jogos começam com um diploma em Ciência da Computação, Design de Jogos ou áreas relacionadas.

- **Cursos Online:** Existem muitos cursos online que podem ajudá-lo a começar, incluindo plataformas como Coursera, Udemy e Khan Academy.

Recursos Úteis:

- **Coursera:** Introdução ao Design de Jogos
- **Udemy:** Curso Completo de Desenvolvimento de Jogos com Unity
- **Khan Academy:** Introdução à Programação
- **Unity Learn:** Plataforma Oficial de Aprendizagem da Unity
- **Codecademy:** Curso de Desenvolvimento de Jogos

5.4 Segurança em Comunidades de Jogos

Participar de comunidades de jogos pode ser uma experiência positiva, mas é importante tomar medidas para se manter seguro.

Interações Seguras

- **Privacidade:** Não compartilhe informações pessoais como nome completo, endereço ou telefone com estranhos online.
- **Amigos Virtuais:** Seja cauteloso ao fazer novos amigos online. Verifique se são realmente quem dizem ser.

Denunciar Comportamento Inapropriado:

- **Cyberbullying:** Denuncie qualquer forma de bullying ou assédio aos administradores do jogo ou à plataforma.
- **Comportamento Tóxico:** Bloqueie e reporte jogadores que exibem comportamento tóxico ou abusivo.

5.5 Atividades Práticas

Para ajudar a aplicar o que foi aprendido sobre jogos online, aqui estão algumas atividades práticas:

Revisão de Jogos:

- Escolha um jogo popular e pesquise sua classificação etária e avaliações.
- Discuta em família se o jogo é apropriado e quais são as possíveis preocupações.

Definição de Limites:

- Estabeleça um cronograma semanal para o tempo de jogo, equilibrando com outras atividades.
- Utilize ferramentas de controle parental para monitorar e limitar o tempo de jogo.

Discussão sobre Vício em Jogos:

- Realize uma discussão em família sobre os sinais de vício em jogos e estratégias para evitá-lo.
- Compartilhe experiências e sugira atividades alternativas.

Prática de Segurança:

- Simule uma situação em que um jogador desconhecido pede informações pessoais e discuta a melhor forma de responder.
- Pratique a configuração de privacidade em um jogo online para proteger suas informações.

Explorando o Desenvolvimento de Jogos:

6. Pesquise sobre a carreira de desenvolvedor de jogos e discuta em família as possibilidades.

7. Experimente um curso online de introdução ao desenvolvimento de jogos e compartilhe o que aprendeu.

Capítulo 6

Compras Online

6.1 Princípios de Compras Seguras na Internet

As compras online oferecem conveniência e uma ampla gama de produtos, mas é essencial fazer isso de forma segura para evitar fraudes e proteger suas informações pessoais.

Sites Confiáveis:

- o **Escolha de Vendedores:** Prefira sites de grandes varejistas conhecidos, como Amazon, e lojas oficiais de marcas.

- o **Verificação de URL:** Certifique-se de que o site é seguro, verificando se o endereço começa com "https://" e se há um ícone de cadeado ao lado do URL.

Leitura de Avaliações:

- o **Avaliações de Produtos:** Leia as avaliações e comentários de outros compradores para garantir que o produto é de boa qualidade.

- o **Feedback do Vendedor:** Verifique a reputação do vendedor por meio das avaliações e classificações de outros clientes.

6.2 Identificação de Sites Confiáveis

Saber identificar sites confiáveis é crucial para evitar fraudes e proteger suas informações financeiras.

Certificados de Segurança:

- o **SSL (Secure Sockets Layer):** Verifique se o site usa SSL, indicado pelo "https://" no URL e um cadeado ao lado do endereço.

- o **Certificados de Confiança:** Procure por selos de segurança de organizações confiáveis, como

Norton Secured, McAfee Secure, ou BBB Accredited.

Políticas de Privacidade e Devolução:

- ○ **Privacidade:** Leia a política de privacidade para entender como suas informações serão usadas e protegidas.

- ○ **Devoluções:** Verifique a política de devolução para garantir que você pode devolver produtos defeituosos ou não satisfatórios.

6.3 Uso do PIX nas Compras Online

O PIX é um meio de pagamento instantâneo criado pelo Banco Central do Brasil que tem sido amplamente utilizado em compras online devido à sua praticidade e rapidez.

O que é o PIX:

- ○ **Transferências Instantâneas:** Permite a transferência de dinheiro em poucos segundos, 24 horas por dia, todos os dias da semana, incluindo feriados.

- ○ **Gratuito:** Normalmente, não há custo para transferências feitas entre pessoas físicas.

- ○ **Praticidade:** Utiliza chaves como CPF, e-mail, número de telefone ou uma chave aleatória para realizar transações.

Segurança do PIX:

- o **Autenticação:** As transações são autenticadas pelo aplicativo do banco, garantindo que só o titular da conta pode autorizar pagamentos.

- o **Notificações:** Recebimento de notificações instantâneas sobre as transações realizadas, permitindo um acompanhamento em tempo real.

- o **Chaves PIX:** A utilização de chaves únicas reduz a necessidade de compartilhar informações bancárias completas.

Riscos e Fraudes com PIX:

- o **Golpes de Clonagem:** Criminosos podem tentar clonar números de telefone ou contas de WhatsApp para solicitar transferências via PIX.

- o **Phishing:** Golpes de phishing podem tentar enganar usuários para que forneçam suas informações bancárias ou chaves PIX.

- o **Verificação de Identidade:** Sempre verifique a identidade da pessoa ou empresa antes de fazer um pagamento via PIX.

6.4 Grandes Lojas Brasileiras Online

Muitas grandes lojas brasileiras têm presença online e oferecem uma ampla gama de produtos. É importante verificar a confiabilidade dessas lojas antes de fazer uma compra.

Lojas Confiáveis:

- **Americanas:** www.americanas.com.br

- **Magazine Luiza:** www.magazineluiza.com.br

- **Mercado Livre:** www.mercadolivre.com.br

- **Submarino:** www.submarino.com.br

- **Casas Bahia:** www.casasbahia.com.br

Verificação de Segurança dos Sites:

- **Certificados SSL:** Verifique se o site possui "https://" no URL e um ícone de cadeado ao lado do endereço.

- **Política de Privacidade:** Leia a política de privacidade para garantir que suas informações estarão protegidas.

- **Reputação:** Consulte sites de avaliação como Reclame Aqui para verificar a reputação da loja e a satisfação dos clientes.

6.5 Proteção Contra Fraudes

Existem várias estratégias para proteger-se contra fraudes ao fazer compras online.

Métodos de Pagamento Seguros:

- o **Cartões de Crédito:** Use cartões de crédito, que geralmente oferecem proteção contra fraudes.

- o **PIX:** Utilize o PIX com segurança, sempre verificando a identidade do destinatário antes de realizar a transferência.

Cuidado com Ofertas Extremamente Atraentes:

- o **Desconfie de Preços Muito Baixos:** Se algo parece bom demais para ser verdade, provavelmente é. Desconfie de ofertas muito abaixo do preço de mercado.

- o **Verificação de Origem:** Certifique-se de que a oferta vem de um vendedor confiável e bem avaliado.

Monitoramento de Transações:

- o **Verificação de Extratos:** Verifique regularmente seus extratos bancários e de cartão de crédito para identificar transações suspeitas.

- o **Alertas de Transação:** Ative alertas de transação em seu banco ou cartão de crédito para ser notificado de compras feitas com seus cartões.

6.6 Atividades Práticas

Para ajudar a aplicar o que foi aprendido sobre compras online seguras, aqui estão algumas atividades práticas:

1. **Pesquisa de Vendedores:**

   o Escolha um produto que você gostaria de comprar e pesquise diferentes vendedores online.

   o Verifique a reputação dos vendedores lendo avaliações e comentários de outros clientes.

2. **Verificação de Segurança:**

   o Visite um site de compras e verifique se ele possui um certificado SSL (https:// e cadeado).

   o Procure por selos de segurança e leia a política de privacidade do site.

3. **Simulação de Compras:**

   o Faça uma simulação de compra em um site confiável, utilizando um método de pagamento seguro como PayPal ou PIX.

   o Verifique os passos de segurança durante o processo de pagamento.

4. **Discussão sobre Fraudes:**

   o Realize uma discussão em família sobre diferentes tipos de fraudes online e como se proteger delas.

   o Compartilhe experiências de compras online e discuta boas práticas para evitar fraudes.

6.7 Sites e Cursos Recomendados

Para aqueles interessados em aprender mais sobre como fazer compras online de forma segura e até mesmo explorar o mundo do comércio eletrônico, aqui estão alguns recursos úteis:

Sites de Reputação:

   o **Amazon:** www.amazon.com

   o **eBay:** www.ebay.com

   o **Mercado Livre:** www.mercadolivre.com.br

Cursos e Recursos Educativos:

   o **Coursera:** Curso de Segurança em Compras Online

   o **Udemy:** Curso de Proteção Contra Fraudes Online

   o **Khan Academy:** Introdução ao Comércio Eletrônico

A Importância do Acompanhamento de um Adulto nas Compras Online para Crianças e Adolescentes

Na era digital, a conveniência das compras online tem atraído cada vez mais crianças e adolescentes. Eles podem facilmente adquirir jogos, roupas, eletrônicos e outros produtos com apenas alguns cliques. No entanto, essa facilidade também vem com riscos significativos. É crucial que crianças e adolescentes sejam sempre acompanhados por um adulto responsável ao realizar compras online. Aqui está o porquê:

1. Proteção Contra Fraudes e Golpes

Os adultos têm mais experiência e discernimento para identificar possíveis fraudes e golpes. Sites falsos, ofertas enganadoras e esquemas de phishing são armadilhas comuns que podem enganar compradores inexperientes. A presença de um adulto pode ajudar a verificar a autenticidade do site e a segurança da transação, evitando perdas financeiras e o comprometimento de informações pessoais.

2. Educação e Orientação

Acompanhar crianças e adolescentes durante as compras online é uma excelente oportunidade para educá-los sobre práticas seguras. Os adultos podem ensinar sobre a importância de verificar a segurança do site, ler avaliações de produtos e entender as políticas de devolução e privacidade. Esse conhecimento será valioso para que eles possam realizar compras seguras e conscientes no futuro.

3. Controle de Gastos

Sem a supervisão de um adulto, crianças e adolescentes podem gastar além do necessário ou cair em armadilhas de compras por impulso. A orientação de um adulto ajuda a monitorar os gastos e a ensinar sobre orçamento e finanças pessoais. Além disso, muitos sites possuem compras dentro de aplicativos e assinaturas automáticas, que podem levar a despesas inesperadas se não forem bem compreendidas.

4. Escolhas Apropriadas

Os adultos podem ajudar a garantir que os produtos comprados sejam apropriados para a idade e as necessidades das crianças e adolescentes. Eles podem verificar classificações etárias de jogos e filmes, ler descrições detalhadas de produtos e discutir a utilidade e a necessidade das compras, promovendo decisões mais conscientes e informadas.

5. Privacidade e Segurança de Dados

Ao realizar compras online, informações pessoais e financeiras são compartilhadas. Crianças e adolescentes podem não ter a compreensão completa dos riscos envolvidos na exposição desses dados. A presença de um adulto garante que as informações sejam inseridas com segurança e que práticas de proteção de dados sejam seguidas, como o uso de métodos de pagamento seguros e a verificação de certificados de segurança dos sites.

Conclusão

O acompanhamento de um adulto nas compras online para crianças e adolescentes é essencial para garantir uma experiência segura e educacional. Além de proteger contra fraudes e controlar os gastos, a supervisão adulta é uma oportunidade valiosa para ensinar boas práticas de segurança e consumo consciente no mundo digital. Ao integrar esses princípios desde cedo, estamos preparando nossos jovens para navegar de forma segura e responsável na era digital.

Capítulo 7

WhatsApp e Mensagens Instantâneas

7.1 Uso Seguro de Aplicativos de Mensagens

Os aplicativos de mensagens instantâneas, como o WhatsApp, são ferramentas poderosas para comunicação rápida e eficiente. No entanto, é importante usá-los de maneira segura para proteger sua privacidade e dados pessoais.

Configurações de Segurança:

- **Verificação em Duas Etapas:** Ative a verificação em duas etapas para adicionar uma camada extra de segurança à sua conta. Isso requer um PIN além da senha.
- **Senha e Biometria:** Utilize senhas fortes e, se possível, recursos biométricos como reconhecimento facial ou impressão digital para acessar o aplicativo.
- **Atualizações Regulares:** Mantenha o aplicativo sempre atualizado para garantir que você esteja protegido contra vulnerabilidades e ameaças recentes.

7.2 Proteção de Privacidade e Dados

A proteção de sua privacidade ao usar aplicativos de mensagens é essencial para evitar que suas informações sejam acessadas por pessoas não autorizadas.

Configurações de Privacidade:

- **Controle de Visto por Último:** Configure quem pode ver seu "visto por último" para garantir que apenas pessoas de confiança tenham acesso a essa informação.
- **Foto de Perfil:** Limite quem pode ver sua foto de perfil, definindo-a para ser visível apenas para seus contatos.
- **Status e Recados:** Configure quem pode ver suas atualizações de status e recados, garantindo que apenas amigos e familiares tenham acesso.

Mensagens Temporárias:

- Utilize o recurso de mensagens temporárias para garantir que suas conversas sejam automaticamente apagadas após um período de tempo definido.

7.3 Evitar Golpes e Fraudes

Infelizmente, os aplicativos de mensagens também podem ser alvo de golpistas. É importante estar atento e saber como se proteger.

Mensagens Suspeitas:

- **Links e Arquivos:** Nunca clique em links ou abra arquivos de remetentes desconhecidos. Eles podem conter malware ou direcionar você para sites fraudulentos.
- **Verificação de Identidade:** Sempre verifique a identidade de pessoas que solicitam informações pessoais ou financeiras.

Golpes Comuns:

- **Clonagem de Contas:** Os golpistas podem tentar clonar sua conta do WhatsApp. Se você receber uma mensagem pedindo um código de verificação, não o compartilhe.
- **Phishing:** Mensagens que parecem ser de empresas ou bancos solicitando suas informações pessoais geralmente são tentativas de phishing. Sempre verifique diretamente com a instituição antes de fornecer qualquer informação.

7.4 Segurança em Grupos

Participar de grupos no WhatsApp pode ser uma maneira divertida e útil de se comunicar, mas também requer precauções.

Configurações de Grupo:

- **Controle de Adições:** Ajuste suas configurações para que apenas contatos autorizados possam adicioná-lo a grupos.
- **Privacidade de Mensagens:** Lembre-se de que qualquer mensagem enviada em um grupo pode ser vista por todos os membros, então evite compartilhar informações sensíveis.

Administração de Grupos:

- **Administradores Confiáveis:** Verifique quem são os administradores do grupo e assegure-se de que sejam pessoas confiáveis.
- **Denúncias e Remoções:** Utilize as ferramentas do aplicativo para denunciar e remover membros que exibam comportamento inadequado ou ofensivo.

Exemplo Real de Clonagem de WhatsApp

Em 2024, uma Professora do Ensino Medio da cidade de Silveirania, Minas Gerias, chamada Ines, teve sua conta do WhatsApp clonada. Ine usava o WhatsApp para comunicar-se com Alunos, Professores e amigos, e estava sempre atenta às mensagens.

Como Aconteceu:

Um dia, Ines recebeu uma ligação de alguém se passando por um representante de uma empresa de telefonia, alegando que havia uma promoção especial. Para ativar a promoção, disseram que ela precisaria informar um código que seria enviado via SMS. Sem desconfiar, Ines forneceu o código enviado.

O Golpe

O código que Ines forneceu era, na verdade, o código de verificação do WhatsApp, necessário para transferir sua conta para outro dispositivo. Os golpistas usaram esse código para clonar sua conta do WhatsApp. Imediatamente, Ines perdeu o acesso à sua conta, e os golpistas começaram a enviar mensagens para seus contatos pedindo dinheiro emprestado, alegando que ela estava em uma emergência.

Danos Causados

8.   **Perda de Acesso:** Ines perdeu o acesso ao seu WhatsApp e nunca mais conseguiu o acesso ao mesmo de volta, o que prejudicou sua comunicação pessoal e profissional.

9. **Fraude Financeira:** Alguns amigos de Ines, acreditando que as mensagens eram legítimas, transferiram dinheiro para os golpistas.

10. **Danos à Reputação:** A confiança de seus contatos foi abalada, pois muitos acreditaram que Ines tinha sido descuidada com sua segurança digital.

Medidas Tomadas

Ines teve que pegar um numero novo de telephone pra instalar o Aplicativo e adicionar todos os contatos manualmente, ela tambem tomou várias medidas para aumentar sua segurança:

6. **Verificação em Duas Etapas:** Ines ativou a verificação em duas etapas no WhatsApp, adicionando um PIN extra para proteger sua conta.

7. **Educação e Conscientização:** Ines passou a educar seus amigos e colegas de trabalho sobre a importância de não compartilhar códigos de verificação e estar atentos a golpes.

8. **Monitoramento Contínuo:** Ines começou a monitorar suas contas e mensagens mais de perto, relatando qualquer atividade suspeita imediatamente.

Lições Aprendidas

A história da Ines destaca a importância de nunca compartilhar códigos de verificação e de estar sempre vigilante contra tentativas de fraude. A ativação de recursos de segurança, como a verificação em duas etapas, pode prevenir a clonagem de contas e proteger contra golpes.

7.6 Atividades Práticas

Para ajudar a aplicar o que foi aprendido sobre o uso seguro do WhatsApp e outros aplicativos de mensagens, aqui estão algumas atividades práticas:

Configuração de Segurança:

- Ative a verificação em duas etapas no WhatsApp.
- Configure uma senha forte e habilite recursos biométricos se disponíveis.

Revisão de Privacidade:

- Ajuste as configurações de privacidade para o "visto por último", foto de perfil e status.
- Ative as mensagens temporárias em conversas selecionadas.

Simulação de Golpes:

- Faça uma simulação de uma mensagem de phishing e discuta como identificar e evitar tais mensagens.
- Pratique a verificação de identidade de remetentes desconhecidos.

Gerenciamento de Grupos:

- Revise as configurações de quem pode adicioná-lo a grupos.
- Discuta a importância de compartilhar informações de forma segura em grupos de mensagens.

Discussão sobre Segurança:

- Realize uma discussão em família sobre as melhores práticas de segurança ao usar aplicativos de mensagens.
- Compartilhe experiências e dicas sobre como se proteger contra golpes e fraudes.

7.7 Links e Recursos Adicionais

Para aqueles interessados em aprender mais sobre como usar aplicativos de mensagens de forma segura, aqui estão alguns recursos úteis:

Site Oficial do WhatsApp: www.whatsapp.com

- **Artigo sobre Segurança no WhatsApp:** Centro de Ajuda do WhatsApp
- **Curso de Segurança em Mensagens Instantâneas:** Udemy - Segurança em Aplicativos de Mensagens

Complemento ao Guia Conhecimentos Adicionais e Práticas

Educação e Carreira no Mundo Digital

Oportunidades de Carreira na Área Digital

Desenvolvimento de Jogos:

Descrição: Desenvolver jogos envolve programação, design gráfico, escrita de roteiros e testes de qualidade.

Habilidades Necessárias: Programação (C++, C#, Java), design gráfico, criatividade, trabalho em equipe.

Recursos: Cursos online (Coursera, Udemy), tutoriais (YouTube), software de desenvolvimento (Unity, Unreal Engine).

Cibersegurança:

Descrição: Especialistas em cibersegurança protegem redes, sistemas e dados contra ataques cibernéticos.

Habilidades Necessárias: Conhecimento em redes, sistemas operacionais, criptografia, análise de vulnerabilidades.

Recursos: Certificações (CompTIA Security+, CISSP), cursos online (Udemy, Coursera), conferências de cibersegurança.

Programação:

Descrição: Programadores criam e mantêm software e aplicativos.

Habilidades Necessárias: Linguagens de programação (Python, Java, JavaScript), lógica de programação, resolução de problemas.

Recursos: Plataformas de aprendizagem (Codecademy, Khan Academy), bootcamps de programação.

Design Gráfico e UX/UI:

Descrição: Designers gráficos criam visuais atraentes; designers UX/UI melhoram a experiência do usuário.

Habilidades Necessárias: Ferramentas de design (Adobe Creative Suite, Sketch), princípios de design, pesquisa de usuário.

Recursos: Cursos online (Coursera, Udemy), tutoriais (YouTube), portfólios de design.

Recursos Educativos Online

Plataformas de Aprendizagem:

Coursera: Oferece cursos de universidades e empresas renomadas.

Udemy: Cursos sobre uma ampla gama de tópicos, incluindo tecnologia e design.

Khan Academy: Recursos educacionais gratuitos em várias áreas, incluindo ciência da computação.

Certificações e Diplomas:

Certificações: CompTIA, Microsoft, Google oferecem certificações em várias áreas de tecnologia.

Diplomas: Muitas universidades oferecem programas de graduação e pós-graduação online em ciência da computação e áreas relacionadas.

Ética e Comportamento Online

Ética na Internet

Comportamento Adequado:

Descrição: Ser respeitoso e responsável online.

Práticas: Evitar cyberbullying, não compartilhar informações pessoais de outros sem permissão, respeitar a privacidade.

Responsabilidade Digital:

Descrição: Compreender as consequências de nossas ações online.

Práticas: Não postar informações falsas, ser consciente sobre o que se compartilha.

Combate à Desinformação

Identificação de Notícias Falsas:

Técnicas: Verificar a fonte, buscar múltiplas referências, usar verificadores de fatos (FactCheck.org, Snopes).

Exemplos: Como identificar clickbaits, notícias sensacionalistas.

Fontes Confiáveis:

Práticas: Seguir sites de notícias reconhecidos e confiáveis.

Recursos: Lista de sites de notícias verificados, uso de ferramentas de verificação.

Ferramentas de Segurança Digital

Softwares de Segurança

Antivírus e Antimalware:

Funções: Proteção contra vírus, malware, spyware.

Recomendações: Norton, Kaspersky, Bitdefender.

Práticas: Atualizações regulares, varreduras periódicas.

Firewalls:

Funções: Bloquear acessos não autorizados, monitorar tráfego de rede.

Tipos: Firewalls de software (Windows Defender), firewalls de hardware.

Gestão de Senhas

Gerenciadores de Senhas:

Funções: Armazenar senhas de forma segura, gerar senhas fortes.

Recomendações: LastPass, 1Password, Dashlane.

Práticas: Usar senhas diferentes para cada conta, atualizar senhas regularmente.

Práticas de Criação de Senhas Fortes:

Técnicas: Combinar letras maiúsculas e minúsculas, números, símbolos.

Exemplos: Como criar senhas seguras, evitar senhas comun.

Navegação Segura

Proteção Contra Rastreamento

Cookies e Rastreamento:

Descrição: Como os cookies funcionam, como os sites rastreiam atividades online.

Práticas: Limpar cookies regularmente, usar navegadores com proteção de rastreamento.

Ferramentas de Privacidade:

Navegadores: Brave, Firefox com extensões de privacidade.

Extensões: uBlock Origin, Privacy Badger, HTTPS Everywhere.

Redes Wi-Fi Seguras

Uso de Redes Públicas:

Riscos: Interceptação de dados, ataques man-in-the-middle.

Práticas: Usar VPNs, evitar transações financeiras em redes públicas.

Configuração de Rede Doméstica:

Práticas: Mudar a senha padrão do roteador, usar criptografia WPA3, atualizar firmware do roteador.

Criatividade e Expressão Online

Plataformas de Criação

YouTube, TikTok, Instagram:

Uso Seguro: Configurações de privacidade, evitar compartilhamento de informações pessoais.

Práticas: Criar conteúdo original, seguir diretrizes da comunidade.

Blogs e Sites Pessoais:

Ferramentas: WordPress, Wix, Blogger.

Práticas: Manter conteúdo atualizado, respeitar direitos autorais.

Direitos Autorais e Propriedade Intelectual

Uso Justo

Descrição: O que é uso justo, exemplos de uso justo.

Práticas: Como aplicar uso justo corretamente.

Respeito aos Direitos Autorais:

Práticas: Como verificar se o conteúdo é protegido por direitos autorais, como obter permissão para usar conteúdo protegido.

Recursos: Ferramentas para proteger sua própria propriedade intelectual.

Inclusão Digital

Acessibilidade na Web

Ferramentas de Acessibilidade:

Descrição: Ferramentas que ajudam pessoas com deficiência a acessar conteúdo online.

Exemplos: Leitores de tela, legendas em vídeos, design responsivo.

Design Inclusivo:

Princípios: Design que considera todas as necessidades dos usuários.

Práticas: Como aplicar princípios de design inclusivo em sites e aplicativos.

Bridging the Digital Divide

Desigualdade de Acesso:

Discussão: Fatores que contribuem para a exclusão digital.

Exemplos: Áreas rurais sem acesso à internet, falta de dispositivos adequados.

Iniciativas de Inclusão Digital:

Exemplos: Programas governamentais, ONGs que trabalham para reduzir a exclusão digital.

Recursos: Como participar ou apoiar essas iniciativas.

Responsabilidade Social e Ambiental

Impacto Ambiental da Tecnologia

E-Waste:

Descrição: O que é lixo eletrônico, problemas causados pelo descarte inadequado.

Práticas: Reciclagem de eletrônicos, programas de coleta de e-waste.

Sustentabilidade Digital:

Práticas: Reduzir o consumo de energia, usar dispositivos eficientes.

Recursos: Ferramentas e práticas para uma tecnologia mais sustentável.

Uso Responsável da Tecnologia

Bem-estar Digital:

Discussão: Impacto do uso excessivo de tecnologia na saúde mental e física.

Práticas: Equilibrar atividades online e offline, fazer pausas regulares.

Desintoxicação Digital:

Descrição: A importância de pausas digitais.

Práticas: Como fazer uma desintoxicação digital eficaz, atividades alternativas offline.

A desintoxicação digital envolve a redução consciente do uso de dispositivos eletrônicos e da internet para melhorar a saúde mental, aumentar a produtividade e fortalecer as relações pessoais. Aqui estão algumas práticas recomendadas para uma desintoxicação digital eficaz:

1. Estabeleça Limites de Tempo

- **Defina horários específicos** para usar dispositivos digitais e cumpra-os rigorosamente.

- **Use aplicativos de monitoramento** de tempo de tela para controlar e limitar o uso diário de dispositivos.

2. Crie Zonas Livres de Tecnologia

- **Designar áreas da casa** onde o uso de dispositivos digitais é proibido, como o quarto e a sala de jantar.
- **Desconecte-se durante as refeições** para promover a interação face a face.

3. Faça Pausas Regulares

- **Pratique a técnica Pomodoro**, que envolve trabalhar em intervalos de 25 minutos seguidos de uma pausa de 5 minutos.
- **Ajuste alarmes** para lembrar de fazer pausas regulares para se levantar, alongar e descansar os olhos.

4. Desative Notificações

- **Desative notificações não essenciais** em seus dispositivos para reduzir distrações e interrupções.
- **Verifique e-mails e mensagens** em horários específicos do dia, em vez de constantemente.

5. Engaje-se em Atividades Offline

- **Leia livros físicos** em vez de e-books.

- **Participe de atividades ao ar livre**, como caminhadas, corridas ou esportes.

6. Meditação e Mindfulness

- **Pratique meditação diariamente** para reduzir o estresse e aumentar a atenção plena.
- **Use aplicativos de meditação guiada** para começar, mas tente meditar sem dispositivos sempre que possível.

7. Estabeleça Regras para a Hora de Dormir

- **Desligue todos os dispositivos** pelo menos uma hora antes de dormir para melhorar a qualidade do sono.
- **Use um despertador tradicional** em vez de depender do telefone celular para acordar.

Atividades Alternativas Offline

Para complementar a desintoxicação digital, é essencial encontrar atividades offline que sejam envolventes e prazerosas. Aqui estão algumas sugestões:

Atividades Físicas

- **Esportes**: Jogue futebol, basquete, tênis ou qualquer outro esporte de sua preferência.
- **Exercícios**: Participe de aulas de ioga, pilates, ou faça caminhadas e corridas ao ar livre.

Atividades Criativas

- **Artes e Artesanato**: Pinte, desenhe, faça trabalhos manuais ou aprenda a costurar.
- **Música**: Aprenda a tocar um instrumento musical ou participe de um grupo de canto.

Atividades Sociais

- **Encontros com amigos e família**: Organize jantares, piqueniques ou saídas em grupo.
- **Voluntariado**: Participe de atividades comunitárias ou de voluntariado para ajudar os outros.

Atividades Educacionais

- **Cursos e Workshops**: Inscreva-se em cursos presenciais sobre assuntos do seu interesse.
- **Leitura**: Leia livros, revistas e jornais impressos sobre temas variados.

Atividades de Relaxamento

- **Meditação e Yoga**: Participe de sessões de meditação e yoga para relaxar e reduzir o estresse.
- **Jardinagem**: Cultive um jardim ou cuide de plantas em casa.

Adotar essas práticas e atividades pode ajudar a criar um equilíbrio saudável entre o tempo online e offline, melhorando o bem-estar geral e a qualidade de vida.

Dicas de Recuperação
Contas Hackeadas e Senhas Esquecidas

1. Facebook

Recuperação de Conta Hackeada:

- **Acesse a Página de Ajuda:** Vá para a página de ajuda do Facebook.
- **Clique em "Minha Conta foi Invadida":** Siga as instruções fornecidas para recuperar sua conta.

- **Verificação de Identidade:** Pode ser necessário verificar sua identidade por meio de uma foto ou documentos.

Recuperação de Senha Esquecida:

- **Acesse a Página de Login:** Vá para <u>facebook.com</u>.
- **Clique em "Esqueceu a Conta?":** Siga as instruções para redefinir sua senha.
- **Verificação:** Escolha o método de verificação (e-mail, SMS) e siga as instruções para redefinir sua senha.

2. Instagram

Recuperação de Conta Hackeada:

- **Acesse a Página de Ajuda:** Vá para <u>Central de Ajuda do Instagram</u>.
- **Clique em "Minha Conta foi Hackeada":** Siga as instruções fornecidas.
- **Verificação de Identidade:** Pode ser necessário enviar uma foto sua segurando um papel com um código fornecido pelo Instagram.

Recuperação de Senha Esquecida:

- **Acesse a Página de Login:** Vá para <u>instagram.com</u>.
- **Clique em "Esqueceu a Senha?":** Siga as instruções para redefinir sua senha.
- **Verificação:** Escolha o método de verificação (e-mail, SMS) e siga as instruções para redefinir sua senha.

3. X ou Twitter

Recuperação de Conta Hackeada:

- **Acesse a Página de Ajuda:** Vá para a <u>página de suporte do Twitter</u>.
- **Clique em "Minha Conta foi Hackeada":** Siga as instruções fornecidas.
- **Verificação de Identidade:** Pode ser necessário verificar sua identidade por meio de e-mail ou SMS.

Recuperação de Senha Esquecida:

- **Acesse a Página de Login:** Vá para <u>twitter.com</u>.
- **Clique em "Esqueceu sua Senha?":** Siga as instruções para redefinir sua senha.
- **Verificação:** Escolha o método de verificação (e-mail, SMS) e siga as instruções para redefinir sua senha.

4. WhatsApp

Recuperação de Conta Hackeada:

- **Reinstale o Aplicativo:** Baixe o WhatsApp novamente e instale.
- **Verificação de Número:** Insira seu número de telefone para verificar sua conta.
- **Verificação em Duas Etapas:** Se você tiver a verificação em duas etapas ativada, insira o código PIN configurado.

- **Suporte do WhatsApp:** Se não conseguir recuperar sua conta, envie um e-mail para support@whatsapp.com explicando o problema.

Recuperação de Senha (PIN) Esquecida:

- **Esqueceu o PIN:** Quando solicitado a inserir o PIN, clique em "Esqueci o PIN".
- **Verificação de E-mail:** Se você tiver fornecido um e-mail de recuperação, receberá um link para redefinir seu PIN.
- **Suporte do WhatsApp:** Se você não tiver configurado um e-mail, aguarde 7 dias para redefinir o PIN.

5. Google (Gmail, YouTube, etc.)

Recuperação de Conta Hackeada:

- **Acesse a Página de Recuperação:** Vá para accounts.google.com/signin/recovery.
- **Verificação de Identidade:** Siga as instruções para verificar sua identidade por meio de e-mail, SMS ou perguntas de segurança.
- **Redefinição de Senha:** Após a verificação, redefina sua senha.

Recuperação de Senha Esquecida:

- **Acesse a Página de Login:** Vá para accounts.google.com.

- **Clique em "Esqueceu a Senha?":** Siga as instruções para redefinir sua senha.
- **Verificação:** Escolha o método de verificação (e-mail, SMS) e siga as instruções para redefinir sua senha.

6. Snapchat

Recuperação de Conta Hackeada:

- **Acesse a Página de Ajuda:** Vá para support.snapchat.com.
- **Clique em "Minha Conta foi Hackeada":** Siga as instruções fornecidas.
- **Verificação de Identidade:** Pode ser necessário verificar sua identidade por meio de e-mail ou SMS.

Recuperação de Senha Esquecida:

- **Acesse a Página de Login:** Vá para snapchat.com.
- **Clique em "Esqueceu sua Senha?":** Siga as instruções para redefinir sua senha.
- **Verificação:** Escolha o método de verificação (e-mail, SMS) e siga as instruções para redefinir sua senha.

7. TikTok

Recuperação de Conta Hackeada:

- **Acesse a Página de Ajuda:** Vá para support.tiktok.com.

- **Clique em "Relatar um Problema":** Siga as instruções fornecidas para recuperar sua conta.
- **Verificação de Identidade:** Pode ser necessário verificar sua identidade por meio de e-mail ou SMS.

Recuperação de Senha Esquecida:

- **Acesse a Página de Login:** Vá para tiktok.com.
- **Clique em "Esqueceu sua Senha?":** Siga as instruções para redefinir sua senha.
- **Verificação:** Escolha o método de verificação (e-mail, SMS) e siga as instruções para redefinir sua senha.

Dicas Gerais para Recuperação de Contas

- **Mantenha informações de recuperação atualizadas:** Certifique-se de que seu e-mail e número de telefone estejam atualizados nas configurações de segurança de todas as suas contas.
- **Use a verificação em duas etapas:** Ative a verificação em duas etapas sempre que possível para adicionar uma camada extra de segurança.
- **Guarde bem as informações de recuperação:** Anote suas informações de recuperação e mantenha-as em um lugar seguro.
- **Evite clicar em links suspeitos:** Seja cauteloso com links em e-mails e mensagens, especialmente aqueles que solicitam informações pessoais.

Importância da Educação e Monitoramento dos Pais

A educação e o monitoramento dos pais são fundamentais para garantir que as crianças naveguem pelo mundo digital de maneira segura e responsável. Aqui estão alguns pontos importantes a serem considerados:

Educação Contínua:

- Ensinar às crianças sobre os perigos online e como se proteger.
- Manter-se atualizado sobre as novas ameaças e tendências digitais.
- Participar de cursos e workshops sobre segurança digital.

Monitoramento e Supervisão:

- Utilizar ferramentas de controle parental para monitorar o uso da internet e dos dispositivos móveis.
- Estabelecer regras claras para o uso da tecnologia e garantir que sejam seguidas.
- Estar disponível para responder perguntas e ajudar em caso de problemas online.

Comunicação Aberta:

- Manter um diálogo aberto com as crianças sobre suas atividades online.
- Incentivar as crianças a falar sobre qualquer situação desconfortável ou suspeita que encontrarem na internet.

8.3 Recursos e Ferramentas Adicionais

Aqui estão alguns recursos e ferramentas que podem ajudar a continuar aprendendo e praticando a segurança digital:

Sites de Segurança Digital:

- **Norton:** www.norton.com
- **Kaspersky:** www.kaspersky.com
- **McAfee:** www.mcafee.com

Cursos Online:

- **Coursera:** Curso de Segurança na Internet
- **Udemy:** Curso de Proteção Contra Fraudes Online
- **Khan Academy:** Introdução à Segurança Digital

Aplicativos de Controle Parental:

- **Qustodio:** www.qustodio.com
- **Net Nanny:** www.netnanny.com
- **Family Link:** play.google.com

8.4 Envolvimento da Família

A segurança digital não é apenas responsabilidade individual; ela deve ser um esforço conjunto da família. Aqui estão algumas maneiras de envolver todos os membros da família na prática da segurança online:

Reuniões Familiares:

- Realize reuniões regulares para discutir segurança digital e compartilhar experiências.
- Estabeleça regras e diretrizes claras para o uso da tecnologia.

Educação Mútua:

- Ensine os mais jovens sobre segurança online e incentive-os a compartilhar o que aprenderam.
- Mantenha um diálogo aberto sobre novas ameaças e como lidar com elas.

Monitoramento e Supervisão:

- Utilize ferramentas de controle parental para monitorar e supervisionar o uso da internet e dispositivos móveis.
- Esteja sempre disponível para responder perguntas e ajudar em caso de problemas online.

8.5 Futuro da Segurança Digital

A tecnologia continuará a evoluir, trazendo tanto novas oportunidades quanto novos desafios. Manter-se informado e adaptar-se às mudanças será essencial para garantir a segurança digital no futuro.

Inovações Tecnológicas:

- Fique atento às novas tecnologias e ferramentas que possam melhorar a segurança digital.
- Explore inovações como a inteligência artificial e a blockchain na proteção de dados.

Adaptação às Mudanças:

- Esteja preparado para adaptar-se rapidamente a novas ameaças e vulnerabilidades.
- Mantenha uma mentalidade de aprendizado contínuo para acompanhar as mudanças no cenário digital.

8.6 Conclusão

A segurança digital é uma jornada contínua e compartilhada. Com o conhecimento e as ferramentas certas, é possível navegar pelo mundo digital com segurança e confiança. Este guia é apenas o começo; continue explorando, aprendendo e protegendo-se no vasto e dinâmico universo digital.

8.8 Atividades Práticas Finais

Para concluir, aqui estão algumas atividades práticas finais para reforçar o aprendizado:

11. **Revisão de Conteúdo:**

- Revise os principais pontos de cada capítulo e discuta em família.
- Crie um plano de ação para implementar as melhores práticas de segurança digital em casa.

12. **Simulações e Treinamentos:**

- Realize simulações de diferentes tipos de ameaças digitais e discuta as respostas adequadas.
- Participe de treinamentos online sobre segurança digital.

13. **Criação de Regras Familiares:**

- Estabeleça regras claras e consistentes para o uso da tecnologia e da internet.
- Documente essas regras e revise-as periodicamente para adaptá-las a novas situações.

Questionário

Capítulo 1: O Mundo Digital

1- O que é o mundo digital?
a) Um lugar para viajar
b) Um conjunto de tecnologias e dispositivos
c) Uma galeria de arte
d) Uma sala de aula física
e) Um parque de diversões

2- Qual é uma maneira de usar a tecnologia de forma equilibrada?
a) Jogar videogame o dia todo
b) Assistir TV durante todas as refeições
c) Alternar entre atividades online e offline
d) Ficar online até tarde da noite
e) Usar redes sociais sem parar

3- Qual dispositivo é comumente usado para acessar o mundo digital?
a) Microondas
b) Geladeira
c) Computador
d) Relógio de parede
e) Telefone fixo

Capítulo 2: Segurança na Internet

4- O que é um vírus de computador?
a) Um programa que melhora o desempenho do computador
b) Um jogo online
c) Um software malicioso que pode danificar o computador
d) Um e-mail de boas-vindas
e) Um arquivo de música

5- Qual é uma prática de navegação segura?
a) Compartilhar suas senhas com amigos
b) Clicar em links de e-mails desconhecidos
c) Usar senhas fortes e únicas
d) Postar informações pessoais em fóruns públicos
e) Desligar o antivirus

6 - O que é phishing?
a) Um jogo de pesca online
b) Tentativas de obter informações sensíveis através de e-mails falsos
c) Um programa para editar fotos
d) Um site de compras seguro
e) Uma rede social

Capítulo 3: Redes Sociais

7 - Qual é uma rede social popular?
a) WhatsApp
b) Amazon
c) Google
d) YouTube
e) TikTok

8 - O que deve ser evitado ao usar redes sociais?
a) Compartilhar fotos com amigos
b) Postar informações pessoais públicas
c) Curtir postagens de amigos
d) Seguir influenciadores
e) Usar hashtags

9 - Como você pode proteger sua privacidade no Instagram?
a) Tornando sua conta privada
b) Compartilhando sua senha com amigos
c) Postando seu endereço residencial
d) Desativando a verificação de dois fatores
e) Aceitando todos os pedidos de amizade

Capítulo 4: Smartphones e Aplicativos

10 - Qual é uma maneira segura de usar smartphones?

a) Compartilhar sua localização com todos

b) Manter o dispositivo desbloqueado

c) Usar senhas fortes e biometria

d) Instalar aplicativos de fontes desconhecidas

e) Desativar todas as atualizações

11 - O que é um aplicativo confiável?

a) Qualquer aplicativo gratuito

b) Aplicativos de fontes oficiais como Google Play Store e Apple App Store

c) Aplicativos que pedem muitas permissões

d) Aplicativos baixados de links em e-mails

e) Aplicativos que prometem ganhos financeiros rápido

12 - Como você pode reduzir o tempo de tela?

a) Estabelecendo limites de tempo para o uso de aplicativos

b) Jogando durante todas as refeições

c) Assistindo vídeos até tarde da noite

d) Usando o telefone durante as aulas

e) Instalando mais jogos no dispositivo

Capítulo 5: Jogos Online

13 - Qual é um benefício dos jogos online?
a) Ajudar no desenvolvimento de habilidades cognitivas
b) Aumentar o vício em tecnologia
c) Expor a conteúdo inapropriado
d) Gastar dinheiro sem supervisão
e) Jogar durante todas as horas de estudo

14 - Como você pode escolher jogos apropriados para sua idade?
a) Jogando qualquer jogo disponível
b) Verificando a classificação etária do jogo
c) Ignorando as avaliações dos jogos
d) Baixando jogos de fontes desconhecidas
e) Jogando apenas jogos gratuitos

15 - O que fazer se encontrar comportamento inadequado em um jogo online?
a) Ignorar e continuar jogando
b) Participar das atividades inadequadas
c) Denunciar o comportamento aos administradores do jogo
d) Compartilhar suas informações pessoais com todos
e) Desinstalar todos os jogos

Capítulo 6: Compras Online

16 - Qual é uma prática segura ao fazer compras online?
a) Comprar em qualquer site que ofereça descontos
b) Usar o PIX em sites desconhecidos
c) Verificar se o site possui "https://" no URL
d) Compartilhar informações do cartão de crédito em redes sociais
e) Ignorar as avaliações dos produtos

17 - O que é o PIX?
a) Um tipo de jogo online
b) Um meio de pagamento instantâneo no Brasil
c) Um aplicativo de redes sociais
d) Um tipo de vírus de computador
e) Um método de edição de fotos

18 - Como evitar fraudes ao usar o PIX?
a) Compartilhando sua chave PIX com todos
b) Verificando a identidade do destinatário antes de transferir
c) Usando o PIX em qualquer site
d) Ignorando as notificações de transações
e) Compartilhando seu PIN de segurança

Capítulo 7: WhatsApp e Mensagens Instantâneas

19 - Como proteger sua conta no WhatsApp?

a) Compartilhando o código de verificação com amigos

b) Ativando a verificação em duas etapas

c) Usando uma senha simples

d) Aceitando todas as solicitações de mensagens

e) Ignorando as atualizações de segurança

20 - O que fazer se receber uma mensagem suspeita no WhatsApp?

a) Clicar em todos os links

b) Compartilhar suas informações pessoais

c) Verificar a identidade do remetente antes de responder

d) Ignorar a mensagem

e) Apagar o aplicativo

21 - Como evitar a clonagem de sua conta no WhatsApp?

a) Compartilhando seu número de telefone com todos

b) Não compartilhando o código de verificação com ninguém

c) Usando uma senha fraca

d) Instalando aplicativos de fontes desconhecidas

e) Desativando a verificação em duas etapas

Atividades Práticas

22 - Qual é uma atividade prática para revisar a segurança de seus dispositivos?

a) Ignorar as configurações de segurança

b) Revisar e ajustar as permissões de aplicativos regularmente

c) Instalar aplicativos de fontes desconhecidas

d) Compartilhar senhas com amigos

e) Desativar o antivirus

23 - Como você pode aumentar a segurança de suas redes sociais?

a) Tornando suas contas públicas

b) Usando a mesma senha para todas as contas

c) Ajustando as configurações de privacidade

d) Aceitando todas as solicitações de amizade

e) Postando informações pessoais publicamente

24 - Qual é uma maneira de monitorar o uso de tecnologia de uma criança?

a) Deixando a criança usar o dispositivo sem supervisão

b) Utilizando ferramentas de controle parental

c) Ignorando o tempo de tela

d) Permitindo o uso de dispositivos durante a noite

e) Desativando notificações de segurança

Perguntas de Revisão

25 - O que é um firewall?
a) Um tipo de software de edição de fotos
b) Um programa que protege seu dispositivo contra acessos não autorizados
c) Um site de compras online
d) Uma rede social
e) Um jogo de computador

26 - Qual é a importância de manter os dispositivos atualizados?
a) Melhorar a performance em jogos
b) Proteger contra vulnerabilidades de segurança
c) Aumentar o uso de dados
d) Reduzir o espaço de armazenamento
e) Desativar notificações de segurança

27 - O que é uma senha forte?
a) "123456"
b) "password"
c) "P@ssword!23"
d) "abcdefg"
e) "qwerty"

Exemplos de Situações

28 - _ O que você deve fazer se receber um e-mail solicitando suas informações bancárias?

a) Responder com suas informações imediatamente

b) Ignorar o e-mail

c) Verificar a autenticidade do e-mail diretamente com o banco

d) Compartilhar o e-mail com amigos

e) Clicar em todos os links fornecidos

29 - Qual é uma prática recomendada ao criar uma conta online?

a) Usar informações falsas

b) Criar uma senha simples e fácil de lembrar

c) Usar uma senha forte e única

d) Compartilhar sua senha com amigos

e) Ignorar as configurações de segurança

30 - O que deve ser feito antes de baixar um aplicativo?

a) Baixar imediatamente sem verificar

b) Ler as avaliações e verificar as permissões solicitadas

c) Ignorar as avaliações

d) Baixar de qualquer fonte disponível

e) Desativar o antivirus

Cenários de Segurança

31- Como você deve reagir se perceber que sua conta foi hackeada?

a) Ignorar e continuar usando a conta

b) Alterar suas senhas imediatamente e informar a plataforma

c) Compartilhar a situação nas redes sociais

d) Desativar a conta permanentemente

e) Não fazer nada

32-O que é importante verificar ao receber uma solicitação de amizade online?

a) Aceitar imediatamente

b) Verificar o perfil e se é uma pessoa conhecida

c) Compartilhar sua senha

d) Ignorar completamente

e) Perguntar informações pessoais

33 - Como evitar o vício em jogos online?

a) Jogar durante todo o tempo livre

b) Definir limites de tempo para jogar

c) Ignorar outras atividades

d) Jogar apenas jogos novos

e) Compartilhar informações pessoais com jogadores

Práticas de Segurança

34 - O que deve ser feito ao encontrar um comportamento inadequado em um jogo online?

a) Participar das atividades inadequadas

b) Denunciar o comportamento aos administradores do jogo

c) Ignorar o comportamento

d) Compartilhar informações pessoais com todos

e) Continuar jogando sem se preocupar

35 - Qual é a importância de ler as políticas de privacidade dos sites?

a) Melhorar a performance em jogos

b) Entender como suas informações serão usadas e protegidas

c) Reduzir o uso de dados

d) Ignorar atualizações de segurança

e) Aumentar o espaço de armazenamento

36 - Como você pode proteger suas informações pessoais ao usar redes sociais?

a) Compartilhando publicamente

b) Usando senhas fracas

c) Ajustando as configurações de privacidade

d) Aceitando todas as solicitações de amizade

e) Postando frequentemente

Conhecimento Geral

37 - O que é autenticação de dois fatores?

a) Um método para simplificar o login

b) Um processo que adiciona uma camada extra de segurança ao exigir dois tipos de verificação

c) Um jogo online popular

d) Uma rede social nova

e) Um aplicativo de mensagens

38 - Por que é importante verificar as permissões dos aplicativos?

a) Para melhorar a qualidade das fotos

b) Para entender quais dados o aplicativo acessará e garantir que sejam necessários

c) Para aumentar o espaço de armazenamento

d) Para desativar atualizações automáticas

e) Para melhorar a performance em jogos

39 - O que fazer se você receber uma mensagem pedindo um código de verificação?

a) Compartilhar o código imediatamente

b) Ignorar a mensagem

c) Verificar a identidade do remetente antes de compartilhar

d) Apagar a mensagem sem verificar

e) Responder com suas informações pessoais

Reflexão e Aplicação

40 - Como você pode educar seus amigos sobre segurança digital?

a) Compartilhando links de phishing

b) Ensinando boas práticas de segurança e compartilhando conhecimento

c) Ignorando questões de segurança

d) Compartilhando informações pessoais com todos

e) Usando senhas simples

41 - Qual é a melhor prática ao receber uma oferta online que parece boa demais para ser verdade?

a) Aproveitar a oferta imediatamente

b) Desconfiar e verificar a autenticidade da oferta

c) Compartilhar a oferta com amigos

d) Comprar em grandes quantidades

e) Ignorar completamente

42 - O que fazer se você encontrar informações pessoais suas publicadas online sem sua permissão?

a) Ignorar e esperar que desapareça

b) Relatar ao site e solicitar a remoção das informações

c) Compartilhar a situação nas redes sociais

d) Alterar suas senhas imediatamente

e) Não fazer nada

Exemplos de Boa Prática

43 - Qual é uma maneira segura de lidar com solicitações de amizade de pessoas desconhecidas?

a) Aceitar todas as solicitações
b) Verificar se você conhece a pessoa antes de aceitar
c) Compartilhar sua senha com todos
d) Postar sobre isso nas redes sociais
e) Ignorar todas as solicitações

44 - Como você pode garantir que está usando um site de compras seguro?

a) Verificando se o site possui "https://" no URL
b) Ignorando as avaliações do site
c) Comprando apenas em sites populares
d) Usando um método de pagamento seguro como o PIX
e) Compartilhando informações de pagamento em redes sociais

45 - O que deve ser feito se você encontrar um link suspeito em uma mensagem?

a) Clicar no link imediatamente
b) Compartilhar o link com amigos
c) Verificar a origem do link antes de clicar

d) Ignorar completamente

e) Postar o link nas redes sociais

Cenários de Proteção

46 - Como você pode proteger sua privacidade ao usar aplicativos de mensagens?

a) Compartilhando seu número com todos

b) Usando a verificação em duas etapas e ajustando as configurações de privacidade

c) Instalando aplicativos de fontes desconhecidas

d) Aceitando mensagens de todos

e) Ignorando atualizações de segurança

47 - Qual é a importância de usar senhas diferentes para cada conta?

a) Facilitar o acesso

b) Reduzir a segurança

c) Proteger cada conta de maneira única e evitar que uma violação afete todas as contas

d) Simplificar o gerenciamento de senhas

e) Compartilhar senhas com amigos

48 - O que fazer se você receber um e-mail de phishing?

a) Responder ao e-mail

b) Clicar nos links fornecidos

c) Denunciar o e-mail como phishing

d) Compartilhar o e-mail com amigos

e) Ignorar completamente

49 - Qual é uma prática segura ao compartilhar informações online?

a) Compartilhar tudo publicamente

b) Usar plataformas seguras e verificar as configurações de privacidade

c) Ignorar as configurações de privacidade

d) Usar a mesma senha para todas as contas

e) Aceitar todas as solicitações de amizade

50 - Como você pode garantir que seu dispositivo esteja protegido contra ameaças?

a) Desativando o antivírus

b) Mantendo o dispositivo atualizado e usando software de segurança

c) Instalando aplicativos de fontes desconhecidas

d) Compartilhando informações pessoais com todos

e) Ignorando as atualizações de segurança

Aqui estão as respostas corretas para cada uma das 50 perguntas:

Capítulo 1: O Mundo Digital

1 - O que é o mundo digital?

b) Um conjunto de tecnologias e dispositivos

2 - Qual é uma maneira de usar a tecnologia de forma equilibrada?

c) Alternar entre atividades online e offline

3 - Qual dispositivo é comumente usado para acessar o mundo digital?

c) Computador

Capítulo 2: Segurança na Internet

4 - O que é um vírus de computador?

c) Um software malicioso que pode danificar o computador

5 - Qual é uma prática de navegação segura?

c) Usar senhas fortes e únicas

6 - O que é phishing?

b) Tentativas de obter informações sensíveis através de e-mails falsos

Capítulo 3: Redes Sociais

7 - Qual é uma rede social popular?

e) TikTok

8 - O que deve ser evitado ao usar redes sociais?

b) Postar informações pessoais públicas

9 - Como você pode proteger sua privacidade no Instagram?

a) Tornando sua conta privada

Capítulo 4: Smartphones e Aplicativos

10 - Qual é uma maneira segura de usar smartphones?

c) Usar senhas fortes e biometria

11 - O que é um aplicativo confiável?

b) Aplicativos de fontes oficiais como Google Play Store e Apple App Store

12 - Como você pode reduzir o tempo de tela?

a) Estabelecendo limites de tempo para o uso de aplicativos

Capítulo 5: Jogos Online

13 - Qual é um benefício dos jogos online?

a) Ajudar no desenvolvimento de habilidades cognitivas

14 - Como você pode escolher jogos apropriados para sua idade?

b) Verificando a classificação etária do jogo

15 - O que fazer se encontrar comportamento inadequado em um jogo online?

c) Denunciar o comportamento aos administradores do jogo

Capítulo 6: Compras Online

16 - Qual é uma prática segura ao fazer compras online?

c) Verificar se o site possui "https://" no URL

17 - O que é o PIX?

b) Um meio de pagamento instantâneo no Brasil

18 - Como evitar fraudes ao usar o PIX?

b) Verificando a identidade do destinatário antes de transferir

Capítulo 7: WhatsApp e Mensagens Instantâneas

19 - Como proteger sua conta no WhatsApp?

b) Ativando a verificação em duas etapas

20 - O que fazer se receber uma mensagem suspeita no WhatsApp?

c) Verificar a identidade do remetente antes de responder

Ronny Youxay Oliveira

21 - Como evitar a clonagem de sua conta no WhatsApp?
b) Não compartilhando o código de verificação com ninguém

Atividades Práticas

22 - Qual é uma atividade prática para revisar a segurança de seus dispositivos?
b) Revisar e ajustar as permissões de aplicativos regularmente

23 - Como você pode aumentar a segurança de suas redes sociais?
c) Ajustando as configurações de privacidade

24 - Qual é uma maneira de monitorar o uso de tecnologia de uma criança?
b) Utilizando ferramentas de controle parental

Perguntas de Revisão

25 - O que é um firewall?
b) Um programa que protege seu dispositivo contra acessos não autorizados

26 - Qual é a importância de manter os dispositivos atualizados?
b) Proteger contra vulnerabilidades de segurança

27 - O que é uma senha forte?
c) "P@ssw0rd!23"

Exemplos de Situações

28 - O que você deve fazer se receber um e-mail solicitando suas informações bancárias?
c) Verificar a autenticidade do e-mail diretamente com o banco

29 - Qual é uma prática recomendada ao criar uma conta online?
c) Usar uma senha forte e única

30 - O que deve ser feito antes de baixar um aplicativo?
b) Ler as avaliações e verificar as permissões solicitadas

Cenários de Segurança

31 - Como você deve reagir se perceber que sua conta foi hackeada?
b) Alterar suas senhas imediatamente e informar a plataforma

32 - O que é importante verificar ao receber uma solicitação de amizade online?
b) Verificar o perfil e se é uma pessoa conhecida

33 - Como evitar o vício em jogos online?
b) Definir limites de tempo para jogar

Práticas de Segurança

34 - O que deve ser feito ao encontrar um comportamento inadequado em um jogo online?
b) Denunciar o comportamento aos administradores do jogo

35 - Qual é a importância de ler as políticas de privacidade dos sites?
b) Entender como suas informações serão usadas e protegidas

36 - Como você pode proteger suas informações pessoais ao usar redes sociais?
c) Ajustando as configurações de privacidade

Conhecimento Geral

37 - O que é autenticação de dois fatores?
b) Um processo que adiciona uma camada extra de segurança ao exigir dois tipos de verificação

38 - Por que é importante verificar as permissões dos aplicativos?
b) Para entender quais dados o aplicativo acessará e garantir que sejam necessários

39 - O que fazer se você receber uma mensagem pedindo um código de verificação?
c) Verificar a identidade do remetente antes de compartilhar

Reflexão e Aplicação

40 - Como você pode educar seus amigos sobre segurança digital?
b) Ensinando boas práticas de segurança e compartilhando conhecimento

Ronny Youxay Oliveira

41 - Qual é a melhor prática ao receber uma oferta online que parece boa demais para ser verdade?
b) Desconfiar e verificar a autenticidade da oferta

42 - O que fazer se você encontrar informações pessoais suas publicadas online sem sua permissão?
b) Relatar ao site e solicitar a remoção das informações

Exemplos de Boa Prática

43 - Qual é uma maneira segura de lidar com solicitações de amizade de pessoas desconhecidas?
b) Verificar se você conhece a pessoa antes de aceitar

44 - Como você pode garantir que está usando um site de compras seguro?
a) Verificando se o site possui "https://" no URL

45 - O que deve ser feito se você encontrar um link suspeito em uma mensagem?
c) Verificar a origem do link antes de clicar

Cenários de Proteção

46 - Como você pode proteger sua privacidade ao usar aplicativos de mensagens?
b) Usando a verificação em duas etapas e ajustando as configurações de privacidade

47 - Qual é a importância de usar senhas diferentes para cada conta?
c) Proteger cada conta de maneira única e evitar que uma violação afete todas as contas

48 - O que fazer se você receber um e-mail de phishing?
c) Denunciar o e-mail como phishing

49 - Qual é uma prática segura ao compartilhar informações online?
b) Usar plataformas seguras e verificar as configurações de privacidade

50 - Como você pode garantir que seu dispositivo esteja protegido contra ameaças?
b) Mantendo o dispositivo atualizado e usando software de segurança

Sobre o Autor

Ronny é um entusiasta da tecnologia e da segurança cibernética, comprometido com a educação e conscientização sobre o uso seguro da Internet. Com experiência no setor de tecnologia, ele desenvolveu este guia com o objetivo de ajudar adolescentes e jovens a navegarem na Internet de forma segura e consciente.

Apaixonado por compartilhar conhecimentos, O Autor acredita que a educação é a chave para um futuro mais seguro e conectado. Ele espera inspirar a próxima geração a adotar práticas seguras e responsáveis no mundo digital, promovendo um ambiente online mais protegido para todos. Além de sua dedicação à segurança cibernética, Ronny está sempre em busca de novas oportunidades e desafios que contribuam para o avanço da tecnologia e da proteção de dados.

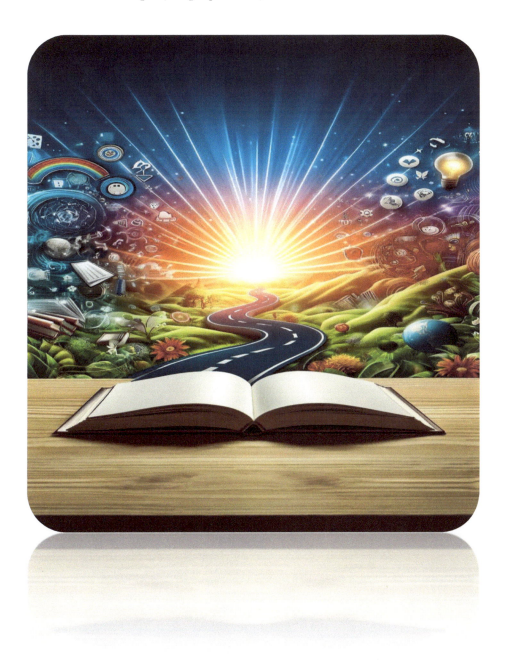

www.ingramcontent.com/pod-product-compliance
Lightning Source LLC
Chambersburg PA
CBHW041152050326
40690CB00001B/442